L'homme qui dét

Randall Garrett

Writat

Cette édition parue en 2023

ISBN : 9789359253466

Publié par
Writat
email : info@writat.com

Selon les informations que nous détenons, ce livre est dans le domaine public. Ce livre est la reproduction d'un ouvrage historique important. Alpha Editions utilise la meilleure technologie pour reproduire un travail historique de la même manière qu'il a été publié pour la première fois afin de préserver son caractère original. Toute marque ou numéro vu est laissé intentionnellement pour préserver sa vraie forme.

L'HOMME QUI DÉtestait MARS

Par RANDALL GARRETT

"JE VEUX QUE tu me mettes en prison !" » dit le grand homme poilu d'une voix tremblante.

Il adressait sa demande à une femme mince assise derrière un bureau qui lui paraissait bien trop grand pour elle. La plaque sur le bureau disait :

LT. SERVICE DE RÉADAPTATION TERRANIENNE
PHOEBE HARRIS

Le lieutenant Harris jeta un coup d'œil à l'homme devant elle pendant seulement un instant avant de retourner ses yeux vers le dossier sur le bureau ; mais assez longtemps pour vérifier l'impression que sa voix avait donnée. Ron Clayton était un homme grand, laid, lâche et dangereux.

Il a dit : « Eh bien ? Bon sang, dis quelque chose ! »

Le lieutenant releva de nouveau les yeux. "Soyez juste patient jusqu'à ce que j'aie lu ceci." Sa voix et ses yeux étaient inexpressifs, mais sa main bougeait sous le bureau.

Cet effroyable carnage restera dans l'histoire sanglante de l'espace.

Clayton se figea. *Elle est jaune !* il pensait. Elle a allumé les trackers ! Il pouvait voir la pâle lueur verdâtre de leurs petits yeux qui l'observaient partout dans la pièce. S'il faisait un mouvement rapide, ils l'abattraient avec un rayon paralysant avant qu'il ne puisse atteindre deux pieds.

Elle avait cru qu'il allait lui sauter dessus. *Petit rat!* pensa-t-il, *quelqu'un devrait la gifler !*

Il la regarda parcourir le lourd dossier devant elle. Finalement, elle le regarda de nouveau.

« Clayton, votre dernière condamnation concernait un vol à main armée. Vous aviez le choix entre la prison sur Terre et la liberté ici sur Mars. Vous avez choisi Mars.

Il hocha lentement la tête. Il était fauché et affamé à ce moment-là. Un petit rat sournois nommé Johnson avait escroqué Clayton de sa juste part du travail de Corey, et Clayton avait été forcé d'obtenir l'argent d'une manière ou d'une autre. Il ne l'avait pas beaucoup dérangé ; en plus, c'était la faute du con. S'il n'avait pas essayé de crier...

Le lieutenant Harris poursuivit : « J'ai bien peur que vous ne puissiez pas reculer maintenant. »

« Mais ce n'est pas juste ! Le maximum que j'aurais eu sur ce coup monté aurait duré dix ans. J'en suis déjà à quinze ici ! »

« Je suis désolé, Clayton. Cela ne peut pas être fait. Vous êtes ici. Période. Oubliez d'essayer de revenir. La Terre ne veut pas de toi. Sa voix était saccadée, comme si elle essayait de garder son calme.

Clayton se mit à pleurnicher. « Vous ne pouvez pas faire ça ! Ce n'est pas juste ! Je ne t'ai jamais rien fait ! Je vais parler au gouverneur ! Il entendra raison ! Tu verras! Je vais-"

" *Fermez-la!* » répliqua durement la femme. « J'en ai marre ! Personnellement, je pense que vous auriez dû être enfermé de façon permanente. Je pense que cette idée de colonisation forcée va un jour engendrer des problèmes sur Terre, mais c'est à peu près le seul moyen d'amener n'importe qui à coloniser ce morceau de boue gelé.

« Gardez juste à l'esprit que je n'aime pas ça plus que vous – *et je n'ai forcé personne à mériter cette mission !* Maintenant, sortez d'ici !

Elle déplaça une main menaçante vers les commandes manuelles du faisceau paralysant.

Clayton recula rapidement. Les pisteurs ignoraient quiconque s'éloignait du bureau ; ils étaient réglés uniquement pour repérer les mouvements menaçants vers lui.

À l'extérieur du bâtiment du service de réadaptation, Clayton pouvait sentir les larmes couler à l'intérieur de son masque. Il l'avait demandé encore et encore – Dieu seul savait combien de fois – au cours des quinze dernières années. Toujours la même réponse. Non.

Lorsqu'il avait appris que cette nouvelle administratrice était une femme, il avait espéré qu'elle serait plus facile à convaincre. Elle ne l'était pas. Au contraire, elle était plus dure que les autres.

La frigidité suceuse de chaleur de l'air raréfié de Mars murmurait autour de lui dans une faible brise. Il frissonna un peu et commença à marcher vers le centre de loisirs.

Il y avait un haut et mince sifflement dans le ciel au-dessus de lui qui se transforma rapidement en un cri dans l'air.

Il se tourna un instant pour regarder le navire atterrir, plissant les yeux pour voir le numéro sur la coque.

Cinquante-deux. Navire de transport spatial cinquante-deux.

Probablement amener un autre tas de pauvres drageons à mourir de froid sur Mars.

C'était ce qu'il détestait sur Mars : le froid. Ce foutu froid éternel ! Et les pilules d'oxydation ; prenez-en un toutes les trois heures ou étouffez-le dans l'air pauvre et raréfié.

Le gouvernement aurait pu ériger des dômes ; il aurait au moins pu construire des tunnels de bâtiment à bâtiment. Cela aurait pu faire énormément de choses pour faire de Mars un endroit décent pour les êtres humains.

Mais non, le gouvernement avait d'autres idées. Un groupe de personnalités scientifiques de premier plan avait eu l'idée près de vingt-trois ans auparavant. Clayton pouvait se souvenir des mots sur le drap qui lui avait été remis lors de sa condamnation.

« L'humanité est par nature un animal adaptable. Si nous voulons coloniser les planètes du système solaire, nous devons répondre du mieux que nous pouvons aux conditions qui y règnent.

« Financièrement, il est impossible de changer une planète entière de son état d'origine à une planète qui soutiendra la vie humaine telle qu'elle existe sur Terra.

"Mais l'homme, puisqu'il est adaptable, peut se changer lui-même - modifier légèrement sa structure - pour pouvoir vivre sur ces planètes avec seulement un minimum de changement dans l'environnement."

Alors ils vous ont fait vivre dehors et aimer ça. Alors tu t'es figé, tu t'es étouffé et tu as souffert.

Clayton détestait Mars. Il détestait l'air raréfié et le froid. Plus que tout, il détestait le froid.

Ron Clayton voulait rentrer chez lui.

Le bâtiment des loisirs était juste devant ; au moins il ferait chaud à l'intérieur. Il entra par les portes extérieure et intérieure et entendit la musique éclater du juke-box. Son estomac se contracta en une violente crampe.

Ils jouaient *Green Hills of Earth de Heinlein*.

Il n'y avait presque aucun autre bruit dans la pièce, même si elle était pleine de monde. De nombreux colons prétendaient aimer Mars, mais même eux restaient silencieux lorsque cette chanson était jouée.

Clayton voulait y aller et détruire la machine – faire en sorte qu'elle cesse de le lui rappeler. Il serra les dents, les poings et les yeux et jura mentalement. *Mon Dieu, comme je déteste Mars !*

Lorsque le dernier refrain nostalgique et obsédant s'est évanoui, il s'est dirigé vers la machine et l'a remplie de suffisamment de pièces pour qu'elle puisse continuer à autre chose jusqu'à son départ.

Au bar, il a commandé une bière et l'a utilisée pour laver un autre comprimé d'oxydation. Ce n'était pas de la bonne bière ; ça ne méritait même pas ce nom. La pression atmosphérique était si basse qu'elle en faisait bouillir tout le dioxyde de carbone, de sorte que les brasseurs ne le remettaient jamais après la fermentation.

Il était désolé pour ce qu'il avait fait – vraiment et véritablement désolé. S'ils lui donnaient seulement une chance de plus, il réussirait. Juste une chance de plus. Il arrangerait les choses.

Il s'était promis que les deux fois ils l'hébergeraient auparavant, mais les choses avaient alors été différentes. On ne lui avait pas vraiment donné une autre chance, avec les commissions des libérations conditionnelles et tout le reste.

Clayton ferma les yeux et termina la bière. Il en a commandé un autre.

Il travaillait dans les mines depuis quinze ans. Ce n'était pas vraiment que le travail le dérangeait, mais le contremaître en voulait à lui. Lui faire toujours passer un mauvais moment ; toujours en train de lui choisir les mauvais boulots.

Comme la fois où il s'était glissé dans une foreuse latérale du tunnel 12 pour faire une sieste pendant le déjeuner et que le contremaître l'avait rattrapé. Lorsqu'il a promis de ne plus jamais recommencer si le contremaître ne le faisait pas rapport, le gars a répondu : « Ouais. Bien sûr. Je déteste nuire au bilan d'un gars.

Ensuite, il mettrait Clayton au courant de toute façon. Strictement un rat.

Non pas que Clayton ait eu la moindre chance d'être renvoyé ; ils n'ont jamais licencié personne. Mais ils lui avaient imposé une amende d'une journée de salaire. Le salaire d'une journée entière.

Il tapota son verre sur le bar et le barman arriva avec une autre bière. Clayton le regarda, puis se tourna vers le barman. "Mettez une tête dessus."

Le barman le regarda avec aigreur. "J'ai de la mousse de savon ici, Clayton, et un de ces jours, j'en mettrai dans ta bière si tu continues à tirer ce bâillon."

C'était le problème avec certains gars. Aucun sens de l'humour.

Quelqu'un entra par la porte, puis quelqu'un d'autre entra derrière lui, de sorte que les portes intérieures et extérieures furent ouvertes un instant. Un souffle de brise glaciale frappa le dos de Clayton et il frissonna. Il commença à dire quelque chose, puis changea d'avis ; les portes étaient déjà refermées, et en plus, l'un des gars était plus grand que lui.

Le froid ne semblait pas disparaître immédiatement. C'était comme la mienne. La petite vieille Mars était froide et claire jusqu'en son cœur – ou du moins jusqu'à ce qu'ils aient foré. Les murs étaient gelés et semblaient dégager un froid qui ôtait la chaleur de votre sang.

Quelqu'un jouait encore *à Green Hills*, bon sang. De toute évidence, toutes ses propres sélections étaient épuisées plus tôt qu'il ne l'avait pensé.

Enfer! Il n'y avait rien à faire ici. Autant rentrer chez lui.

"Donne-moi une autre bière, Mac."

Il rentrerait chez lui dès qu'il aurait fini celui-ci.

Il se tenait là, les yeux fermés, écoutant la musique et détestant Mars.

Une voix à côté de lui dit : « Je vais prendre un whisky. »

La voix sonnait comme si l'homme avait un gros rhume, et Clayton se tourna lentement pour le regarder. Après toute la stérilisation qu'ils ont subie avant de quitter la Terre, personne sur Mars n'a jamais eu de rhume, donc il n'y avait qu'une seule chose qui pouvait faire sonner la voix d'un homme comme ça.

Clayton avait raison. L'homme avait un tube à oxygène fermement fixé sur son nez. Il portait l'uniforme du Service de Transport Spatial.

« Montez simplement à bord du navire ? » Clayton a demandé conversationnellement.

L'homme hocha la tête et sourit. "Ouais. Quatre heures avant de repartir. Il versa le whisky. " Bien sûr, il fait froid."

Clayton était d'accord. "Il fait toujours froid." Il regarda avec envie l'astronaute commander un autre whisky.

Clayton n'avait pas les moyens d'acheter du whisky. Il aurait probablement pu l'être à ce moment-là, si les mines avaient fait de lui un contremaître, comme elles auraient dû le faire.

Peut-être qu'il pourrait dissuader l'astronaute de boire quelques verres.

«Je m'appelle Clayton. Ron Clayton.

L'astronaute prit la main offerte. "Le mien est Parkinson, mais tout le monde m'appelle Parks."

« Bien sûr, Parcs. Euh, je peux t'offrir une bière ?

Parks secoua la tête. "Non merci. J'ai commencé par le whisky. Tiens, laisse-moi t'en acheter un.

«Eh bien, merci. Cela ne me dérange pas si je le fais.

Ils les burent en silence et Parks en commanda deux autres.

« Vous êtes ici depuis longtemps ? » a demandé Parcs.

"Quinze ans. Quinze longues, très longues années.

« Est-ce que… euh… je veux dire… » Parks parut soudain confus.

Clayton jeta un rapide coup d'œil pour s'assurer que le barman était hors de portée de voix. Puis il sourit. « Vous voulez dire, suis-je un condamné ? Non. Je suis venu ici parce que je le voulais. Mais… » Il baissa la voix. « …on n'en parle pas ici. Tu sais." Il fit un geste d'une main – un geste qui engloba toutes les autres personnes présentes dans la pièce.

Parks jeta un rapide coup d'œil autour de lui, ne bougeant que ses yeux. "Ouais. Je vois," dit-il doucement.

"C'est ton premier voyage?" » demanda Clayton.

« Premier sur Mars. Je suis sur la course Luna depuis longtemps.

« La basse pression vous dérange beaucoup ? »

"Pas beaucoup. Nous ne le gardons qu'à six livres dans les navires. Moitié hélium et moitié oxygène. La seule chose qui me dérange, c'est l'oxy ici. Ou plutôt, l'oxy qui *n'est pas* là. Il prit une profonde inspiration par le tube nasal pour souligner son point de vue.

Clayton serra les dents, faisant ressortir les muscles sur le côté de sa mâchoire.

Parks ne l'a pas remarqué. « Vous devez prendre ces pilules, n'est-ce pas ?

"Ouais."

«J'ai dû les prendre une fois. Je me suis retrouvé bloqué sur Luna. Le chat dans lequel je me trouvais est tombé en panne à quatre-vingts kilomètres de la base d'Aristarchus et j'ai dû rentrer à pied – avec mon oxygène bas. Eh bien, je me suis dit… »

Clayton a écouté l'histoire de Parks avec une grande attention, mais il l'avait déjà entendue. Ce truc de « perdu sur la lune » et ses variantes circulaient depuis quarante ans. De temps en temps, cela arrivait à quelqu'un ; juste assez souvent pour que l'histoire continue.

Ce type a eu quelques nouveaux rebondissements, mais pas assez pour que l'histoire en vaille la peine.

"Garçon," dit Clayton lorsque Parks eut fini, "tu as eu de la chance de t'en sortir vivant!"

Parks hocha la tête, très content de lui, et acheta une autre tournée de boissons.

"Quelque chose comme ça m'est arrivé il y a quelques années", a commencé Clayton. « Je suis superviseur de troisième équipe dans les mines de Xanthe , mais à l'époque, je n'étais que contremaître. Un jour, quelques gars sont allés dans un tunnel secondaire pour… »

C'était une très bonne histoire. Clayton l'avait inventé lui-même, donc il savait que Parks ne l'avait jamais entendu auparavant. C'était sanglant aux bons endroits, avec un bel effet à la fin.

« … j'ai donc dû soutenir les rochers avec mon dos pendant que l'équipe de secours tirait les autres hors du tunnel en rampant entre mes jambes. Finalement, ils ont installé des poutres en acier pour alléger la charge, et j'ai pu lâcher prise. J'ai été à l'hôpital pendant une semaine », a-t-il terminé.

Parks hochait vaguement la tête. Clayton leva les yeux vers l'horloge au-dessus du bar et réalisa qu'ils parlaient depuis plus d'une heure. Parks achetait une autre tournée.

Parks était un type vraiment sympa.

Clayton découvrit qu'il n'y avait qu'un seul problème avec Parks. Il s'est mis à parler si fort que le barman a refusé de servir l'un ou l' autre .

Le barman a dit que Clayton devenait bruyant aussi, mais c'était simplement parce qu'il devait parler fort pour que Parks l'entende.

Clayton a aidé Parks à mettre son masque et sa parka et ils sont sortis dans la nuit froide.

Parks a commencé à chanter *Green Hills*. À mi-chemin, il s'arrêta et se tourna vers Clayton.

"Je viens de l'Indiana."

Clayton l'avait déjà repéré comme Américain à son accent.

"Indiana? C'est bien. Vraiment sympa."

"Ouais. Vous parlez de collines vertes, nous avons des collines vertes dans l'Indiana. Quelle heure est-il?"

Clayton lui a dit.

« Bon sang ! Le vieux vaisseau spatial décolle dans une heure. Je devrais d'abord prendre un verre de plus.

Clayton réalisa qu'il n'aimait pas Parks. Mais peut-être qu'il achèterait une bouteille.

Sharkie Johnson travaillait dans la section des carburants et il faisait un joli petit travail en volant de l'alcool, en le coupant et en le vendant. Il pensait que c'était vraiment drôle de l'appeler Martian Gin.

Clayton a déclaré : « Allons chez Sharkie. Sharkie nous en vendra une bouteille.

"D'accord", a déclaré Parks. « Nous allons chercher une bouteille. C'est ce dont nous avons besoin : une bouteille.

C'était une sacrée marche jusqu'à chez le Requin. Il faisait si froid que même Parks commençait à se dégriser un peu. Il riait comme un fou quand Clayton commença à chanter.

« Nous allons chez Shark's pour acheter un pichet de gin pour Parks ! Salut ho, salut ho, salut ho !

Une chose à propos de quelques verres ; tu n'as pas eu si froid. De toute façon, tu ne l'as pas trop ressenti.

Le Requin avait toujours sa lumière allumée à leur arrivée. Clayton a chuchoté à Parks : « Je vais y aller. Il me connaît. Il ne le vendrait pas si tu étais là. Vous avez huit crédits ?

« Bien sûr , j'ai obtenu huit crédits. Juste une minute, et je vous donnerai huit crédits. Il fouilla une minute dans sa parka et sortit son porte-documents. Ses doigts gantés étaient un peu maladroits, mais il réussit à en sortir un cinq et un trois et à les remettre à Clayton.

« Attendez ici », dit Clayton.

Il entra par la porte extérieure et frappa à la porte intérieure. Il aurait dû demander dix crédits. Sharkie n'en a facturé que cinq, ce qui lui en laisserait trois pour lui-même. Mais il aurait pu en avoir dix , peut-être plus.

Lorsqu'il sortit avec la bouteille, Parks était assis sur un rocher, frissonnant.

« Jeez- krise ! » il a dit. « Il fait froid ici. Allons dans un endroit où il fait chaud.

"Bien sûr. J'ai reçu la bouteille. Tu veux boire un verre ?

Parks prit la bouteille, l'ouvrit et en sortit une bonne ceinture.

« Houah ! » il respirait. "Assez lisse."

Pendant que Clayton buvait, Parks a dit : « Hé ! Je ferais mieux de retourner sur le terrain ! Je sais! On peut aller aux toilettes pour hommes et finir la bouteille avant le décollage du bateau ! N'est-ce pas une bonne idée ? Il fait chaud là-bas.

Ils repartirent dans la rue en direction du champ spatial .

«Oui, je viens de l'Indiana. Partie sud, autour de Bloomington », a déclaré Parks. « Donne-moi la cruche. Pas Bloomington, Illinois— Bloomington, Indiana. Nous avons vraiment des collines verdoyantes là-bas. Il but et rendit la bouteille à Clayton. « Personnellement , je ne vois pas pourquoi quelqu'un resterait sur Mars. Vous voilà pratiquement sur l'équateur en plein été, et il fait plus froid que l'enfer . Brrr !

« Maintenant, si tu étais intelligent, tu rentrerais chez toi, là où il fait chaud. De toute façon, Mars n'a pas été construite pour que les gens puissent y vivre. Je ne vois pas comment tu supportes ça.

C'est à ce moment-là que Clayton a décidé qu'il détestait vraiment Parks.

Et quand Parks a dit : « Pourquoi être stupide, mon ami ? Pourquoi tu ne rentres pas chez toi ? Clayton lui a donné un violent coup de pied dans le ventre.

"Et ça, ça…" dit Clayton tandis que Parks se plie en deux.

Il l'a répété en lui donnant un coup de pied à la tête. Et dans les côtes. Parks haletait alors qu'il se tordait sur le sol, mais il resta bientôt immobile.

Clayton comprit alors pourquoi. Le tube nasal de Parks s'était détaché lorsque le pied de Clayton lui avait heurté la tête.

Parks respirait fort, mais il ne recevait pas d'oxygène.

C'est à ce moment-là que la Grande Idée a frappé Ron Clayton. Avec un nez pareil, on ne pouvait pas dire qui était un homme. Il prit une autre gorgée dans la cruche puis commença à enlever les vêtements de Parks.

L'uniforme allait bien à Clayton, tout comme le masque nasal. Il jeta ses propres vêtements sur le corps presque nu de Parks, ajusta le petit réservoir d'oxygène pour que le gaz puisse circuler correctement à travers le masque, prit la première profonde inspiration d'air pur qu'il avait eue depuis quinze ans et se dirigea vers le champ spatial.

Il entra dans les toilettes pour hommes du Port Building, prit un verre et fouilla dans les poches de l'uniforme pour identifier Parks. Il le trouva et ouvrit le livret. On y lisait :

PARKINSON, HERBERT J.
Steward 2e classe, STS

Au-dessus, il y avait une photo et une série d'empreintes digitales.

Clayton sourit. Ils ne sauraient jamais que ce n'était pas Parks qui montait à bord du navire.

Parks était également un intendant. Aide-cuisinier. C'était bien. S'il avait été jetman ou quelque chose comme ça, l'équipage pourrait se demander pourquoi il n'était pas en service au décollage. Mais un intendant était différent.

Clayton resta assis pendant plusieurs minutes, feuilletant le livret et buvant à la bouteille. Il le vida juste avant que les sirènes d'avertissement ne retentissent dans les airs.

Clayton se leva et sortit en direction du navire.

"Réveillez-vous! Hey vous! Réveillez-vous!"

Quelqu'un lui frappait les joues. Clayton ouvrit les yeux et regarda le visage flou par-dessus le sien.

De loin, une autre voix dit : « Qui est-ce ? »

Le visage flou disait : « Je ne sais pas. Il dormait derrière ces valises. Je pense qu'il est ivre.

Clayton n'était pas ivre, il était malade. Sa tête lui ressemblait comme un enfer. Où diable était-il ?

« Lève-toi, mon pote. Allez debout!"

Clayton se releva en se tenant au bras de l'homme. Cet effort lui donnait des vertiges et des nausées.

L'autre homme a dit : « Emmenez-le à l'infirmerie, Casey. Donnez-lui de la thiamine.

Clayton n'a pas lutté pendant qu'ils le conduisaient à l'infirmerie. Il essayait de se vider la tête. Où était-il? Il a dû être assez ivre hier soir.

Il se souvenait d'avoir rencontré Parks. Et se faire expulser par le barman. Et alors ?

Oh ouais. Il était allé chez le Shark prendre une bouteille. À partir de là, tout a presque disparu. Il se souvenait d'une bagarre ou quelque chose du genre, mais c'était tout ce qui était enregistré.

Le médecin de l'infirmerie a tiré deux coups de pistolet hypoallergénique dans les deux bras, mais Clayton a ignoré la légère douleur.

"Où suis-je?"

« Vraiment original. Tiens, prends ça. Il tendit à Clayton quelques capsules et lui donna un verre d'eau pour les laver.

Lorsque l'eau lui toucha l'estomac, il y eut une réaction immédiate.

"Oh, mon Dieu!" dit le médecin. « Prenez une vadrouille, quelqu'un. Tiens, mon pote ; lancez-vous là-dedans. Il posa une bassine sur la table devant Clayton.

Il leur fallut près d'une heure pour réveiller Clayton suffisamment pour qu'il réalise ce qui se passait et où il se trouvait. Même alors, il était très groggy.

C'est le premier officier du STS-52 qui a finalement mis les choses au clair. Dès que Clayton fut en état, le médecin et l'officier quartier-maître qui l'avaient retrouvé l'emmenèrent dans le compartiment du premier officier.

«Je parcourais les magasins ce matin quand j'ai trouvé cet homme. Il dormait, ivre mort, derrière les caisses.

"Il était ivre, d'accord", a fourni le médecin. "J'ai trouvé ça dans sa poche." Il a remis un livret au premier officier.

Le Premier était un jeune homme de vingt-huit ans à peine, aux yeux gris et durs. Il parcourut le livret.

« Où avez-vous obtenu le livret d'identification de la maladie de Parkinson ? Et son uniforme ?

Clayton baissa les yeux sur ses vêtements avec émerveillement. "Je ne sais pas."

« Tu *ne sais pas* ? C'est une sacrée réponse.

"Eh bien, j'étais ivre", a déclaré Clayton sur la défensive. "Un homme ne sait pas ce qu'il fait quand il est ivre." Il fronça les sourcils, concentré. Il savait qu'il lui faudrait inventer une histoire.

«Je me souviens un peu que nous avons fait un pari. Je lui parie que je pourrais monter à bord du bateau. Bien sûr, je m'en souviens, maintenant. Cest ce qui est arrivé; Je lui ai parié que je pourrais monter à bord du bateau et nous avons échangé des vêtements.

"Où est-il maintenant?"

"Chez moi, je dors, je suppose."

« Sans son oxy-masque ?

"Oh, je lui ai donné mes pilules d'oxydation pour le masque."

Le Premier secoua la tête. « Cela ressemble au genre de truc que Parkinson ferait, d'accord. Je devrai l'écrire et vous livrer tous les deux aux autorités lorsque nous atteindrons la Terre. Il regarda Clayton. "Quel est ton nom?"

« Cartwright. Sam Cartwright », a déclaré Clayton sans sourciller.

« Colon volontaire ou condamné ?

"Bénévole."

Le Premier le regarda pendant un long moment, l'incrédulité dans les yeux.

Cela n'avait pas d'importance. Volontaire ou condamné, Clayton ne pouvait aller nulle part. Du point de vue de l'officier, il était emprisonné dans le vaisseau spatial avec autant de sécurité qu'il le serait sur Mars ou dans une prison sur Terre.

Le Premier écrivit dans le journal de bord, puis dit : « Eh bien, il nous manque un homme en cuisine. Vous vouliez prendre la place de Parkinson ; frère, tu l'as, sans salaire. Il fit une pause pour un moment.

« Vous savez, bien sûr, » dit-il judicieusement, « que vous serez immédiatement renvoyé sur Mars. Et vous devrez calculer votre passage dans les deux sens : il sera déduit de votre salaire.

Clayton hocha la tête. "Je sais."

« Je ne sais pas ce qui va se passer d'autre. En cas de condamnation, vous risquez de perdre votre statut de volontaire sur Mars. Et des amendes peuvent également être prélevées sur votre salaire.

« Eh bien, c'est tout, Cartwright. Vous pouvez vous présenter à Kissman dans la cuisine.

Le Premier appuya sur un bouton de son bureau et parla dans l'interphone. « Qui était de service au sas lorsque l'équipage est monté à bord hier soir ? Envoyez-le. Je veux lui parler.

Ensuite, l'officier du quartier-maître a conduit Clayton vers la porte et l'a emmené à la cuisine.

Les tubes conducteurs du vaisseau le poussaient à une accélération constante de cinq cents centimètres par seconde carrée, le poussant progressivement plus près de la Terre avec un peu plus de la moitié d'une gravité d'entraînement.

En réalité, Clayton n'avait pas grand-chose à faire. Il a aidé à sélectionner les aliments qui allaient dans les automates et les a nettoyés après la cuisson de chaque repas. Une fois par jour, il devait les démonter partiellement pour les réviser en profondeur.

Et tout le temps, il réfléchissait.

Parkinson doit être mort ; il le savait. Cela signifiait la Chambre. Et même s'il ne l'était pas, ils renverraient Clayton sur Mars. Heureusement, aucune des deux planètes n'avait aucun moyen de communiquer avec le vaisseau ; il était déjà assez difficile de maintenir un faisceau dirigé vers une planète sans essayer de toucher une chose aussi petite qu'un vaisseau.

Mais ils le sauraient déjà sur Terre. Ils le récupéreraient dès l'instant où le navire atterrirait. Et le mieux qu'il pouvait espérer était un retour sur Mars.

Non, par Dieu ! Il ne retournerait pas à cette boule de boue gelée ! Il resterait sur Terre, où il ferait chaud et confortable et où un homme pourrait vivre là où il est censé vivre. Où il y avait beaucoup d'air à respirer et beaucoup d'eau à boire. Où la bière avait le goût de la bière et non du slop. Terre. De belles collines verdoyantes comme il n'en existe nulle part ailleurs.

Petit à petit, au fil des jours, il a élaboré un plan. Il a observé, attendu et vérifié chaque petit détail pour s'assurer que rien ne se passerait mal. Cela *ne pouvait pas* se passer mal. Il ne voulait pas mourir et il ne voulait pas non plus retourner sur Mars.

Personne à bord du navire ne l'aimait ; ils ne pouvaient pas apprécier sa position. Il ne leur avait rien fait, mais ils ne l'aimaient tout simplement pas. Il ne savait pas pourquoi ; il avait *essayé* de s'entendre avec eux. Eh bien, s'ils ne l'aimaient pas, qu'ils s'en aillent.

Si les choses se déroulaient comme il le pensait, ils en seraient vraiment désolés.

Il était très intelligent sur l'ensemble du plan. Lorsque le changement est arrivé , il a fait semblant d'avoir un violent mal d'espace . Cela lui a donné l'occasion de voler une bouteille d'hydrate de chloral dans le casier du médecin.

Et pendant qu'il travaillait en cuisine, il passait beaucoup de temps à aiguiser un grand couteau à découper.

Un jour, pendant son temps libre, il a réussi à désactiver l'un des deux canots de sauvetage du navire. Il gardait l'autre pour lui.

Le vaisseau se trouvait à huit heures de la Terre et continuait à décélérer lorsque Clayton a pris la fuite.

C'était étonnamment facile. Il était censé dormir lorsqu'il s'est faufilé jusqu'au compartiment d'entraînement avec le couteau. Il poussa la porte, regarda à l'intérieur et sourit comme un singe.

L'Ingénieur et les deux jetmen étaient inconscients à cause de l'hydrate de chloral présent dans le café de la cuisine.

Se déplaçant rapidement, il se rendit au casier de pièces de rechange et commença à casser méthodiquement chaque pièce de rechange pour les conducteurs. Ensuite, il a pris trois des bombes de signalisation du kit d'urgence, les a réglées pendant cinq minutes et les a placées autour des circuits de commande.

Il regarda les trois hommes endormis. Et s'ils se réveillaient avant que les bombes n'explosent ? Mais il ne voulait pas les tuer. Il voulait qu'ils sachent ce qui s'était passé et qui l'avait fait.

Il sourit. Il y avait un moyen. Il lui suffisait de les traîner dehors et de bloquer la serrure de la porte. Il prit la clé des mains de l'Ingénieur, l'inséra, la tourna et en arracha la tête, laissant le corps de la clé toujours dans la serrure. Personne ne le débloquerait dans les quatre minutes suivantes.

Puis il commença à courir dans la cage d'escalier en direction du bon canot de sauvetage.

Il était haletant et essoufflé lorsqu'il est arrivé, mais personne ne l'avait arrêté. Personne ne l'avait même vu.

Il monta dans le canot de sauvetage, prépara tout et attendit.

Les bombes de signalisation n'étaient pas des charges lourdes ; leur objectif principal était de créer une éruption suffisamment brillante pour être vue à des milliers de kilomètres dans l'espace. Le fluor et le magnésium produisaient beaucoup de lumière et de chaleur.

LA FIN

Milton Keynes UK
Ingram Content Group UK Ltd.
UKHW011820120624
444110UK00004B/215